Franz Ilwof

Goethe's Beziehungen zu Steiermärkern

Franz Ilwof

Goethe's Beziehungen zu Steiermärkern

ISBN/EAN: 9783742816207

Hergestellt in Europa, USA, Kanada, Australien, Japan

Cover: Foto ©Andreas Hilbeck / pixelio.de

Manufactured and distributed by brebook publishing software
(www.brebook.com)

Franz Ilwof

Goethe's Beziehungen zu Steiermärkern

Goethe's Beziehungen zu Steiermärkern

Franz Ilwof

Goethe's Beziehungen

zu Steiermärkern.

———·-··-·—

Von

Franz Ilwof.

➤❖⬥⬥❖◀

Graz, 1898.

Druck und Verlag von „Leykam".

Meiner Heimat

der Mark Steier

und meinen Landesgenossen

gewidmet.

1*

Einleitendes.

Goethe und die Steiermark? Goethe und Steiermärker? Hat doch der grosse Dichter und Denker nie dieses Landes Hauptstadt besucht, nie den Fuss auf steirischen Boden gesetzt, und sollten sich doch Berührungspuncte unseres Landes und seiner Söhne mit dem Grossen von Weimar finden? Ja! Sein Leben war so reich an Ereignissen und persönlichen Beziehungen, dass man in seinem Thun und Lassen, sowie in seinen Werken sicher für jedes Land des Erdenrundes und für jedes noch so kleine Gebiet deutschen Bodens Spuren und Andeutungen finden wird, die jenes und dieses betreffen; Goethe's umfassender Riesengeist drang nicht nur in die Tiefen aller Kunsterkenntnis und Wissenschaft, er ergriff das nächste wie das fernste und gab ihm Ausdruck in Wort und Schrift. — Und was an bedeutenden Männern und Frauen zu seiner Zeit lebte, sie alle wurden von ihm beachtet und die meisten von ihnen auch in persönliche oder schriftliche Verbindung ge-

zogen. So war es denn bei einer edlen Frau und
drei vorragenden Männern, deren Wiegen im Lande
Steier gestanden, der Fall, und in einer seiner
Dichtungen tritt eine Person auf, die, wie es Goethe
wahrscheinlich selbst nicht wusste, auch in Steiermark das Licht der Welt erblickt hatte.

Darüber hier nun kurz, und zwar nach Möglich-
keit mit des Dichters eigenen Worten zu berichten,
ist der Zweck der folgenden Darstellung, der ich nur
noch ein paar Worte pro domo vorausschicken will.

Zwar wurde mir schon in jungen Jahren durch
meines einstigen Lehrers, nunmehr hochverehrten
Freundes Karl Weinhold (damals, 1851—1861,
Professor an der Universität zu Graz, jetzt kgl. Ge-
heimrath und Professor an der Universität zu Berlin)
herrliche Vorträge das Verständnis von Goethe's
Leben und Werken erschlossen, doch liegt es mir
ferne, mich selbst als Goethekenner oder Goethe-
forscher zu rühmen, ich bin nur, besonders jetzt
seit einigen Jahren, seit des Alters Schnee das
Haupt zu decken mir beginnt, ein eifriger Goethe-
leser und begeisterter Goetheverehrer; und da
ist mir, wenn ich nach des Tages regelmässig
wiederkehrender Arbeit an stillen Abenden mich
in des Dichters wunderbare Schöpfungen lesend

vertiefe, oder sie mir vorgelesen werden, manches
aufgestossen, manches beigefallen, was ich dazu
bemerken zu können glaubte. So sind die vier
kleinen Aufsätze: „Goethe und das unsichtbare
Orchester" (Chronik des Wiener Goethe-Vereins
1897, S. 4—5), „Goethe's Philine und der Kleider-
künstler Worth" (ebenda S. 25), „Goethe und die
industrielle Revolution am Ende des 18. Jahrhunderts" (ebenda S. 43—44), „Goethe und die
drehbare Bühne" (ebenda, 1898, S. 7—8) entstanden
und gleichen Ursprungs ist die folgende Studie, deren
Zweck vornemlich dahin geht, Steiermark und ihr
Entsprossenen die Ehre nachzuweisen, in Goethe's
Lebensbild zu erscheinen und unseren Landesgenossen
von heute darüber Bericht zu erstatten.

Aloisia Gräfin Lanthieri, geb. Gräfin Wagensperg.

Die erste Persönlichkeit aus Steiermark, mit welcher G o e t h e Beziehungen hatte, war eine Dame, die Gräfin A l o i s i a L a n t h i e r i, geborene Gräfin v o n W a g e n s p e r g.

Die L a n t h i e r i stammen aus Bergamo in Italien, wo sie zu den Nobili gezählt wurden; Antonio de Lanthieri kam Ende des fünfzehnten Jahrhunderts nach Görz; dort wurden sie am 17. September 1527 in die Landtafel aufgenommen; zehn Jahre früher (1517) waren sie in Krain landständisch geworden. Um das Jahr 1600 besassen sie Lehen bei Rohitsch in Untersteiermark und trieben in Pettau Viehhandel.[1]) Des Antonio Enkel, Lorenz, erhielt den Freiherrenstand und des letzteren Sohn, Friedrich Lanthieri von Paratico, Freiherr zu Schönhauss, Herr zu Wippach und Paumbkürchenthurn, wurde 1632, und seine Vetter Bernhard, Lorenz und Caspar wurden 1650 in den Grafenstand erhoben. Anton, Friedrich, Wilhelm, Ferdinand und Joseph, Söhne des Grafen Franz von Lanthieri, Landeshauptmannes von Görz, wurden am 22. August 1659 Mitglieder der steirischen Landmannschaft.

[1]) Zahn, Styriaca, Graz 1894, S. 202.

Friedrich Graf von Lanthieri war k. k. Kämmerer und Rath zu Graz und Gemahl der Aloisia Gräfin von Wagensperg.[2])

Die Wagen von Wagensperg sind ein krainisches Geschlecht; das Stammschloss zwischen Gallenstein und Littai steht noch, ist aber seit dem sechzehnten Jahrhundert in anderen Händen; denn da übersiedelten sie nach Steiermark, wo sie besonders durch Heiraten viele Güter erwarben. Schmutz[3]) zählt 24 Herrschaften und zwei Häuser in Graz auf, welche sie theils gleichzeitig, theils nacheinander besassen. Bis 1876 waren sie im Besitze des Schlosses Greisseneck bei Voitsberg, das durch 220 Jahre Eigenthum ihrer Familie gewesen. 1588 erscheint Balthasar Wagen von Wagensperg als Reisebegleiter des Bamberger Bischofs Ernst von Mengerstorff auf dessen Reise von Weisskirchen bei Judenburg über Voitsberg nach Graz.[4]) Hans Sigmund von Wagensperg wurde (Graz, 1. Juni 1602) von Ferdinand II. in den Freiherrn- und (Wien, 29. September 1639) in den Grafenstand erhoben.[5]) 1722, 1726 und 1729

---

[2]) Siebmacher's Wappenbuch. Krainer Adel, S. 13 und 28. — „Adelsintimationen". Beilage zu „Steiermärkische Geschichtsblätter". Graz 1885, VI., S. 36. — Schmutz, Historisch-topographisches Lexikon der Steiermark. Graz 1822, II., 369.

[3]) A. a. O., IV, 292.

[4]) Beiträge zur Kunde steiermärkischer Geschichtsquellen. XXIII, 25.

[5]) Steiermärkisches Wappenbuch von Zacharias Bartsch. 1567. Facsimile-Ausgabe von Dr. J. v. Zahn und Alfred R. Anthony von Siegenfeld. Graz und Leipzig 1893. Text, S. 152.

war Rudolf und 1731 Sigmund Graf Wagensperg
Hauptmann und Vicedom in Cilli,[6]) 1763 war ein
Graf Wagensperg Landes - Kriegs - Commissarius.[7])
Adolph Graf Wagensperg (1724—1773) war kaiserlicher wirklicher geheimer Rath, Oberst-Erbland-
marschall in Kärnten, Kammerpräsident der Commer-
zial-Hauptintendanz des gesammten österreichischen
Littorales in Triest, Civilhauptmann und Militär-
Commandant der am adriatischen Meere gelegenen
österreichischen Seestädte und Landeshauptmann der
gefürsteten Grafschaften Görz und Gradiska. Seine
Gemahlin war Maria Aloisia Gräfin von Saurau
(1726—1789). Eine Tochter dieser Ehe war Aloisia,
geboren zu Graz am 7. Februar 1750, vermählt am
18. November 1764 mit dem k. k. Kämmerer und
Rath Friedrich Grafen von Lanthieri. — Sie war
jene schöne Gräfin, mit welcher Goethe 1786 in
Karlsbad beka nnt wurde und die er später in Neapel
wiedersah.

Der Kreis, der sich im August 1786 in Karlsbad um Goethe gesammelt hatte, veranstaltete zu
des Dichters Geburtstag (28. August) eine Festfeier;
es waren Herder und Frau, Gräfin Lanthieri,
Fräulein Adelaide von Waldner, Hofdame der re-
gierenden Herzogin von Weimar und ein Fräulein
von Asseburg. Zwischen zwei mit Laub umwundenen
Säulen wurde ein Aufbau errichtet mit Zierrathen,

---

[6]) Beiträge zur Kunde steiermärkischer Geschichtsquellen, XXIV, 210, XXV, 119, XXI, 130.

[7]) Ebenda. XXVI, 107.

Kränzen und Devisen, auf welchen die Damen ihre
Geschenke und Sprüche legten, während die Mitte
das Schattenbild Goethe's zeigte. „Vier Schneeweisse
Priesterinnen mit Eichenlaub bekränzt, unter welchen
die G r ä f i n L a n t h i e r i die Hohepriesterin war,
standen sanft verschlungen zu beiden Seiten des
Altars." So schreibt Herder (Karlsbad, 8. September
1786 an Herzog Karl August) und nennt in dem
Briefe die Gräfin Lanthieri die „schöne Königin"
und die „Königin des Kreises".[8])

Die vorragendste Dame dieses Kreises war also
offenbar die G r ä f i n L a n t h i e r i. Noch von Karlsbad aus schreibt Goethe an Frau von Stein: „Die
Lanthieri war gut und brav." [9]) Und am 21. August
1786: „Imhof hat den Juden sehr, die schöne Gräfin
(Lanthieri) weniger glücklich gemahlt."

Als Goethe am 3. September die Reise nach
Italien antrat, trennte er sich schweren Herzens von
dieser Gesellschaft, deren Mittelpunkt er gewesen.
„Früh drei Uhr (3. September) stahl ich mich aus
Carlsbad, weil man mich sonst nicht fortgelassen
hätte. Die Gesellschaft, die den achtundzwanzigsten
August, meinen Geburtstag, auf eine sehr freundliche
Weise feiern mochte, erwarb sich wohl dadurch ein
Recht mich festzuhalten; allein hier war nicht länger
zu säumen." So lauten die ersten Zeilen von Goethe's
„Italiänischer Reise".

---

[8]) Schriften der Goethe-Gesellschaft, II, 369—370.
[9]) Ebenda, II, 5.

„Man merkte wohl, dass ich (von Karlsbad) fort
wollte; die Gräfin L. setzte auch einen entsetzlichen
Trumpf drauf (Goethe zurückzuhalten); ich ließ mich
aber nicht hindern, denn es war Zeit. Ich wollte
schon den 28ten. Das ging aber nicht, weil an
meinen Sachen noch viel zu thun war." [10])

Auch auf der Reise gedenkt Goethe mehrfach
der schönen Gräfin. Von Torbole am Gardasee
schreibt er: „Die Feigenbäume hatten mich schon
den Weg her häufiger begleitet und im Hinabsteigen
fand ich die ersten Oelbäume, die voller Oliven hingen.
Hier fand ich zum erstenmal die weissen Feigen als
eine gemeine Frucht, die mir die Gräfin Lanthieri
verheißen hatte." [11]) — Im Theater S. Luca in
Venedig wohnte er am 3. October 1786 der Vor-
stellung eines extemporirten Stückes bei und findet
eine Schauspielerin „eine Frau, die der Gr. Lanthieri
sehr ähnlich sieht, keine grose Acktrice, aber spricht
exzellent und weis sich zu betragen". [12]) Und in
Neapel traf der reisende Dichter wieder mit der
Gräfin zusammen. Er schreibt (Italiänische Reise,
Neapel, den 27. Mai 1787): „Ich fand eine liebenswürdige Dame, mit der ich vorigen Sommer in Carlsbad die angenehmsten Tage verlebt hatte. Um wie
manche Stunde betrogen wir die Gegenwart in
heiterster Erinnerung! Alle die Lieben und Werthen
kamen wieder an die Reihe, vor allem der heitere

[10]) Ebenda, II, 13.
[11]) Ebenda, II, 51.
[12]) Ebenda, II, 137.

Humor unseres theuren Fürsten (Karl August). Sie
besass das Gedicht noch, womit ihn bei seinem Wegritt
die Mädchen von Engelhaus überraschten. Es rief die
lustigen Scenen alle zurück, die witzigen Neckereien
und Mystificationen, die geistreichen Versuche, das
Vergeltungsrecht an einander auszuüben. Schnell
fühlten wir uns auf deutschem Boden, in der besten
deutschen Gesellschaft, eingeschränkt von Felswänden,
durch ein seltsames Local zusammengehalten, mehr
noch durch Hochachtung, Freundschaft und Neigung
vereinigt. Sobald wir jedoch ans Fenster traten,
rauschte der neapolitanische Strom wieder so gewalt-
sam an uns vorbei, dass jene friedlichen Erinnerungen
nicht festzuhalten waren." [13])

Dass Goethe aus seinem Interesse für die
Lanthieri schon in Karlsbad kein Hehl gemacht,
beweist der Umstand, dass man bei seiner Abreise
dort glaubte, er sei „über Gräz gegangen, um die
Lanthiery zu besuchen, denn er schätzt sie ganz so,
wie es ihre schöne liebe Seele verdient" (Frau von
Gravmayer an Caroline von Beulwitz); dieselbe
Gravmayer schildert die schöne Gräfin: „Die
Lanthiery haben wir viel gesehen und wirklich ge-
nossen, es ist eine schöne, offene, reine Seele, voll
Licht und der wahren Güte, die sich gewiss immer
bey ächter Klarheit des Geistes findet. Sie hat sehr

---

[13]) Dass diese liebenswürdige Dame in Neapel die Gräfin
Lanthieri war, beweist nahezu unumstösslich Minor: „Goethe
und die Gräfin Lanthieri" in den Grenzboten 1889, Nr. 7,
S. 315—320.

glücklich gemischt, Bücher- und Weltkenntniss und
daher so wie es seyn muss Interes (Interesse) und
offnen Sinn für alles; es sind gar keine dürren Äste
in ihrem Verstande. Goethe gefiel ihr ganz aus-
nehmend, si j'avais un cœur à donner, sagte sie.
je le donnerai à Göthe, nachher glaube ich hätte
sie es unter Herder und Göthe getheilt, denn sie
liebte beyde." [14])

Wenzel Johann Gottfried Graf von Purgstall.

Im Jahre 1797 besuchte G o e t h e die Schweiz
zum dritten, oder wenn man die rasche Durchfahrt
bei der Rückkehr von Italien dazurechnen will, zum
vierten Male. 1797 galt es ihm vornemlich seinem
Freunde H e i n r i c h M e y e r entgegen zu reisen,
der von Italien kommend sich in seiner Heimat am
Züricher See einige Zeit aufzuhalten gedachte. Dort
zu Stäfa in Heinrich Meyers Haus wohnte Goethe
und erhielt des Grafen Wenzel Johann Gottfried von
P u r g s t a l l Besuch.

Die Purgstall sind ein altes Adelsgeschlecht
und hatten sich seit dem 12. Jahrhundert in Oesterreich, Steiermark, Kärnten, Krain, Tirol, im Salz-
burgischen und in Böhmen ausgebreitet; 1632 wurden sie in den Freiherren-, 1670 und 1676 in den

---

[14]) Minor a. a. O. — Goethe-Jahrbuch. X, 146.

Grafenstand erhoben[15]). Hans Ernst Graf Purgstall erwarb 1672 durch Heirat das mächtige Felsenschloss Riegersburg in Steiermark und schuf damit der Purgstall'schen Hausmacht den Mittelpunkt auf steirischem Boden.

Wenzel Johann Gottfried, geboren zu Graz den 12. Februar 1773, der vorletzte seines Hauses, studirte zu Jena, wurde begeisterter Anhänger der Philosophie Kant's, welche er dort durch Reinhold, der, geboren zu Wien, sein Landsmann war, kennen lernte; diesem folgte er nach Kiel, wo er durch ein Jahr verblieb, besuchte dann Königsberg, um Kant selbst nahe zu treten. Während seines mehrjährigen Aufenthalts in Deutschland war er fast mit allen geistigen Koryphäen der Nation, mit dem berühmten Geschichtschreiber Johannes von Müller, mit Wieland, Goethe, Schiller, Kant, Herder, Lavater, den beiden Grafen Stolberg, dem Grafen Schimmelmann, Fernow, Baggesen, Thibaut[16]) u. a. in Berührung gekommen. — Reinhold schreibt an Baggesen über Purgstall: „Schwerlich haben wir beide in unserem Leben

---

[15]) Allgemeine Deutsche Biographie XXVI. 714—717. — Hammer-Purgstall, Die Purgstalle. (Steiermärkische Zeitschrift, Neue Folge, IV. Jahrgang, 1. Heft, Graz 1837, S. 71—96). — Hammer, Joseph von, Denkmal auf das Grab der beiden letzten Grafen von Purgstall. Wien 1821. — Wurzbach, Biographisches Lexikon, 24. Theil, S. 90—93.

[16]) Über Purgstall's Beziehungen zu dem berühmten Rechtsgelehrten Thibaut enthält einiges: Hugelmann, Aus dem Leben A. F. J. Thibaut's (Preussische Jahrbücher, 45. Band, S. 470—508.)

einen reineren Menschen gesehen. So rechtschaffen und fest, so freisinnig, so liebenswürdig und sanft dabei, wie es nur ein Mann sein kann, ohne aufzuhören ein Mann zu sein, ohne auch nur das Geringste von der originellsten Natürlichkeit eingebüsst zu haben. Die ungewöhnliche Gesundheit des Verstandes thut hier in Verbindung mit der philosophirenden Vernunft Wunder, die mir mit jedem Tage ein neues herzerhebendes Schauspiel eröffnen." [17])

Purgstall hatte Goethe in Jena kennen gelernt. die Gräfin Charlotte Schimmelmann, Gemahlin des Grafen Ernst Heinrich Schimmelmann [18]) berichtet hierüber (Seelust bei Kopenhagen, 18. Juni 1796) an Schiller [19]): „Purgstall hat G. (Goethe) besser verstanden, so schien es mir, als die meisten, die ihn sahen. Dass Sie (Schiller) mit ihm (Goethe) glückliche Stunden zubringen, dass er in Ihrem Umgang sein besseres Wesen findet, hatte ich schon von Purgstall gehört und gerne gehört."

[17]) H. M. Richter, Geistesströmungen. Berlin 1876. S. 334—335.

[18]) Ernst Heinrich Graf von Schimmelmann, geb. 1747 zu Dresden, wurde 1768 Kammerherr, 1773 Deputirter beim dänischen Commerzcollegium, 1775 Assessor der Schatzkammer, 1779 Geheimer Rath, 1782 Commerzminister, 1784 zugleich Finanzminister, 1788 Mitglied des Staatsraths und Geheimer Staatsminister, als solcher 1814—1815 Minister des Auswärtigen bis zu seinem am 9. Februar 1831 zu Kopenhagen erfolgten Tode. Er war ein Gönner Schillers.

[19]) Bilder aus der Schillerzeit. Mit ungedruckten Briefen an Schiller. Herausgegeben von Ludwig Speidel und Hugo Wittmann. Berlin und Stuttgart (1885.) S. 227.

Über Purgstall's Besuch bei Goethe zu Stäfa am 26. September 1797 schreibt dieser an Schiller:

Stäfa, den 26. September, gegen Abend.

Ich hatte meinen Brief eben mit einem kleinen Nachtrag geschlossen, als Graf Burgstall uns besuchte, der mit seiner jungen Frau, einer Schottländerin, die er nicht lange geheiratet hat, aus England über Frankreich und die Schweiz nach Hause zurückkehrt. Er lässt Ihnen das Schönste und Beste sagen und nimmt einen recht wahren Antheil an dem was Sie sind und thun. Mir hat sein Besuch viel Freude gemacht, da seine frühere Tendenz zur neueren Philosophie, sein Verhältniss zu Kant und Reinhold, seine Neigung zu Ihnen, auch seine frühere Bekanntschaft mit mir gleich eine breite Unterhaltung eröffneten. Er brachte sehr artige Spässe aus England und Frankreich mit, war gerade den 18. Fructidor in Paris gewesen und hatte also manche ernste und komische Scene miterlebt[20]. Er grüsst Sie aufs allerbeste und ich will nur schliessen, damit die Briefe mit dem Schiffer, der unsern Postboten macht, noch fortkommen. Haben Sie etwa Gelegenheit, Wielanden von Graf Burgstall zu grüssen, so thun Sie es doch.

G.

[20]) Am 18. Fructidor VI (4. September 1797) wurde in Paris eine royalistische Bewegung durch die Directoren Barras, Rewbell und Lareveillère-Lepaux mit Hilfe des von Bonaparte geschickten Generals Augereau unterdrückt.

Über Purgstall's Besuch bei Goethe in Stäfa schreibt die Gräfin Charlotte Schimmelmann an Schiller:

„Durch Sie und durch Purgstall kam ich ihm (Goethe) näher. Purgstall lernte Goethe erst in Jena kennen; sie sahen sich in der Schweiz — eine grosse Freude war es für Purgstall. Sie wissen, dass er eine Schottländerin zur Frau sich gewählt hat, er scheint recht glücklich zu sein und ist nun endlich in seine Heimat zurück" [21]).

Nach Österreich heimgekehrt trat er in den Staatsdienst und wirkte als Regierungs- und Hofsecretär. In seinem Hause in Wien versammelten sich alle bedeutenden Männer der Stadt, so Moriz Graf Dietrichstein, Degenfeld, General Steigentesch, Johannes von Müller, Peter Freiherr von Frank. Freiherr von Hormayr, Heinrich von Collin, Josef von Hammer u. a. — 1807 wurde er Gubernialrath in Steiermark, war 1809 ungemein thätig bei der in Inner-Österreich durch Erzherzog Johann geleiteten Aufstellung der Landwehr und begab sich anfangs April zur Generalintendantur des Erzherzogs nach Italien. In Padua von den Franzosen gefangen, wurde er in den Kasematten von Mantua verwahrt. Seine Gemahlin eilte sofort von Graz nach Wien zu Kaiser Napoleon und erwirkte von diesem die Befreiung ihres Gemahls. Er kehrte, aber mit dem Todeskeim im Körper, zurück. Hilfe gegen sein

---

[21]) Speidel und Wittmann, a. a. O., S. 233—234.

Leiden, die er in den Bädern von Pisa suchte, blieb ihm versagt, er starb, erst neununddreissig Jahre alt, am 22. März 1812 in Florenz.

Nach 1808 erinnerte sich Goethe der mit Graf Purgstall verlebten angenehmen Stunden auf dem Altane zu Stäfa.[22])

Des Grafen Wenzel Johann Gottfried Purgstall Gemahlin war Johanna Anna, aus dem schottischen Geschlechte der Freiherren von Cranstown. Beider Sohn Wenzel Raphael (geboren am 19. Februar 1798) starb noch nicht neunzehnjährig am 7. Januar 1817 als der letzte seines Geschlechtes. Um den Namen Purgstall auf spätere Generationen zu überliefern, setzte Johanna Anna J o s e f v o n H a m m e r, ihres verstorbenen Mannes Freund, zum Erben ihres Allodialgutes Hainfeld in Steiermark ein mit der Bedingung, dass er Namen und Wappen des Hauses Purgstall mit dem seinigen vereinige. Die kaiserliche Bewilligung hiezu unter gleichzeitiger Erhebung Hammers in den Freiherrenstand erfolgte am 11. Mai 1835.

Josef Freiherr von Hammer-Purgstall.

Josef von Hammer (seit 1835 Freiherr von Hammer-Purgstall, geb. zu Graz am 9. Juni 1774, gest. zu Wien am 23. November 1856), der berühmte Orientalist, ist die dritte Persönlichkeit,

---

[22]) Herzfelder, Goethe in der Schweiz. (Leipzig 1891.) S. 161.

welche mit Goethe in, und zwar nahe Beziehungen
trat. Schon 1812 scheint Goethe, vermuthlich durch
Hammer's Uebersetzung des persischen Gedichtes
„Schirin"[23]) auf diesen aufmerksam geworden zu
sein. denn Carlsbad, den 13. August 1812 spricht
Goethe an Hammer den Dank für dessen Brief und
die Vermehrung seiner Autographen-Sammlung aus.
welche er „unschuldige Liebhaberei" nennt; er ran-
giere und rubricire die Blätter, suche die Sammlung
zu vermehren und ein erklärendes Verzeichnis für
das Ganze anzufertigen[24]).

Viel inniger gestaltete sich dieses Verhältnis.
nachdem 1812—1813 Hammers Übersetzung des
Hafis (gestorben 1389) erschienen war.[25]) Doch lassen
wir Goethe jetzt selbst sprechen.

In den „Annalen oder Tages- und Jahreshefte
als Ergänzung meiner sonstigen Bekenntnisse von
1749 bis 1822" schreibt er zum Jahre 1814: „der
westöstliche Divan ward gegründet", und zum
Jahre 1815: „Schon im vorigen Jahre waren mir
die sämmtlichen Gedichte des Hafis in der von Hammer'schen Übersetzung zugekommen. und wenn ich
früher den hie und da in Zeitschriften übersetzt

[23]) Schirin, ein persisches romantisches Gedicht nach
morgenländischen Quellen. (Übersetzt von Joseph von Hammer.) 2 Theile. Leipzig 1809.

[24]) Goethe-Jahrbuch X. 288.

[25]) Der Divan des Mohammed-Schomsed-din Hafis. Aus
dem Persischen zum ersten Male ganz übersetzt von Joseph
von Hammer. 2 Theile. Stuttgart und Tübingen 1812. 1813.

mitgetheilten einzelnen Stücken dieses herrlichen
Poeten nichts abgewinnen konnte, so wirkten sie
doch jetzt zusammen desto lebhafter auf mich ein,
und ich musste mich dagegen productiv verhalten,
weil ich sonst vor der mächtigen Erscheinung nicht
hätte bestehen können. Die Einwirkung war zu lebhaft,
die deutsche Uebersetzung lag vor und ich musste
also hier Veranlassung finden zu eigener Theilnahme.
Alles, was dem Stoff und dem Sinne nach bei mir
ähnliches verwahrt und gehegt worden, that sich
hervor, und diess mit um so mehr Heftigkeit, als
ich höchst nöthig fühlte, mich aus der wirklichen
Welt, die sich selbst offenbar und im stillen bedrohte,
in eine ideelle zu flüchten, an welcher vergnüglichen
Theil zu nehmen meiner Lust, Fähigkeit und Willen
überlassen war". „Und wie mir die von Hammer'sche
Übersetzung täglich zur Hand war und mir zum
Buch der Bücher wurde, so verfehlte ich nicht,
aus seinen Fundgruben[26] mir manches Kleinod
zuzueignen" und zum Jahre 1816: „des letzteren
(Hammers) orientalische Fundgruben studirte ich
mit Aufmerksamkeit und überall schöpfte ich frische
östliche Luft".

Eingehender handelt er von Hammer in den
„Noten und Abhandlungen zu besserem Verständniss
des West-östlichen Divans", Abschnitt „von Hammer":

---

[26] Fundgruben des Orients. Bearbeitet durch eine
Gesellschaft von Liebhabern und herausgegeben von Joseph
von Hammer. 6 Bände. Wien 1810—1819.

„Wie viel ich diesem würdigen Mann schuldig geworden, beweist mein Büchlein (der West-östliche Divan) in allen seinen Theilen. Längst war ich auf Hafis und dessen Gedichte aufmerksam, aber was mir auch Literatur, Reisebeschreibung, Zeitblatt und sonst zu Gesicht brachte, gab mir keinen Begriff, keine Anschauung von dem Werth, von dem Verdienste dieses ausserordentlichen Mannes. Endlich aber, als mir im Frühling 1813 die vollständige Übersetzung aller seiner Werke zukam, ergriff ich mit besonderer Vorliebe sein inneres Wesen und suchte mich durch eigene Production mit ihm in Verhältniss zu setzen. Diese freundliche Beschäftigung half mir über bedenkliche Zeiten hinweg und liess mich zuletzt die Früchte des errungenen Friedens aufs angenehmste geniessen."

„Schon seit einigen Jahren war mir der schwunghafte Betrieb der Fundgruben im Allgemeinen bekannt geworden, nun aber erschien die Zeit, wo ich Vortheil daraus gewinnen sollte. Nach mannichfaltigen Seiten hin deutete dieses Werk, erregte und befriedigte zugleich das Bedürfniss der Zeit; und hier bewahrheitete sich mir abermals die Erfahrung, dass wir in jedem Fach von den Mitlebenden auf das schönste gefördert werden, sobald man sich ihrer Vorzüge dankbar und freundlich bedienen mag. Kenntnissreiche Männer belehren uns über die Vergangenheit, sie geben den Standpunct an, auf welchem sich die augenblickliche Thätigkeit hervorthut, sie deuten vorwärts auf den nächsten Weg, den wir

einzuschlagen haben. Glücklicherweise wird genanntes
herrliche Werk noch immer mit gleichem Eifer fort-
gesetzt, und wenn man auch in diesem Felde seine
Untersuchungen rückwärts anstellt; so kehrt man
doch immer gern mit erneutem Antheil zu dem-
jenigen zurück, was uns hier so frisch geniessbar
und brauchbar von vielen Seiten geboten wird."

„Um jedoch eines zu · erinnern, muss ich gestehen, dass mich diese wichtige Sammlung noch
schneller gefördert hätte, wenn die Herausgeber,
die freilich nur für vollendete Kenner eintragen und
arbeiten, auch auf Laien und Liebhaber ihr Augen-
merk gerichtet und, wo nicht allen, doch mehreren
Aufsätzen eine kurze Einleitung über die Umstände
vergangener Zeit, Persönlichkeiten, Localitäten, vor-
gesetzt hätten; da denn freilich manches mühsame
und zerstreuende Nachsuchen dem Lernbegierigen
wäre erspart worden."

„Doch alles, was damals zu wünschen blieb,
ist uns jetzt in reichlichem Masse geworden, durch
das unschätzbare Werk, das uns Geschichte persischer Dichtkunst überliefert. Denn ich gestehe gern,
dass schon im Jahre 1814, als die Göttinger An-
zeigen uns die erste Nachricht von dessen Inhalt
vorläufig bekannt machten, ich sogleich meine Stu-
dien nach den gegebenen Rubriken ordnete und ein-
richtete, wodurch mir ein ansehnlicher Vortheil geworden. Als nun aber das mit Ungeduld erwartete
Ganze endlich erschien, fand man sich auf einmal
wie mitten in einer bekannten Welt, deren Verhält-

nisse man klar im Einzelnen erkennen und beachten konnte, da wo man sonst nur im Allgemeinsten, durch wechselnde Nebelschichten hindurchsah."

„Möge man mit meiner Benutzung dieses Werkes einigermassen zufrieden seyn und die Absicht erkennen, auch diejenigen anzulocken, welche diesen gehäuften Schatz auf ihrem Lebenswege vielleicht weit zu Seite gelassen hätten."

„Gewiss besitzen wir nun ein Fundament, worauf die persische Literatur herrlich und übersehbar aufgebaut werden kann, nach dessen Muster auch andere Literaturen Stellung und Förderniss gewinnen sollen. Höchst wünschenswerth bleibt es jedoch, dass man die chronologische Ordnung immerfort beibehalte und nicht etwa einen Versuch mache einer systematischen Aufstellung nach den verschiedenen Dichtarten. Bei den orientalischen Poeten ist alles zu sehr gemischt, als dass man das Einzelne sondern könnte; der Charakter der Zeit und des Dichters in seiner Zeit ist allein belehrend und wirkt belebend auf einen Jeden; wie es hier geschehen, bleibe ja die Behandlung sofortan."

„Mögen die Verdienste der glänzenden Schirin[27]), des lieblich ernst belehrenden Kleeblatts[26]), das uns eben am Schluss unserer Arbeit erfreut, allgemein anerkannt werden."

---

[27]) S. Anmerkung Nr. 23.

[28]) Morgenländisches Kleeblatt bestehend in Hymnen, arabischen Elegien und türkischen Eklogen. Übersetzt von Joseph von Hammer. Wien 1818.

Im folgenden Abschnitt „Uebersetzungen" spricht Goethe abermals von Hammer; er erwähnt der Fortschritte, welche die Deutschen in der letzten Zeit in der Uebersetzungskunst gemacht, welche Versatilität, welche rhetorische, rhythmische, metrische Vortheile sie errungen haben und fügt bei: „Die von Hammer' schen Arbeiten deuten nun auch meistens auf ähnliche Behandlung orientalischer Meisterwerke, bei welchen vorzüglich die Annäherung an äussere Form zu empfehlen ist. Wie unendlich vortheilhafter zeigen sich die Stellen einer Uebersetzung des Firdusi, welche uns genannter Freund geliefert, gegen diejenigen eines Umarbeiters, wovon einiges in den Fundgruben zu lesen ist."

Hammers Uebersetzung von Hafis' Divan (wörtlich Versammlung, Sammlung seiner Gedichte), welche während der Jahre 1813, 1814 und der nächstfolgenden Goethes steter Begleiter war, hatte den greisen Dichter zur Nachbildung angeregt[29]) und entzündete in ihm „die prächtige Fackel einer neuen Lyrik, die mit Hafis wetteiferte, wie die römischen Elegien mit Ovid und Properz gewetteifert hatten. Es geschah dies mit der Plötzlichkeit einer ausbrechenden Naturgewalt, mit dem Ungestüm einer Explosion, durch die lange gesammelter Zündstoff emporlodert"[30]).

---

[29]) Goethe-Jahrbuch V. 8.

[30]) Burdach, Goethes West-östlicher Divan. Goethe-Jahrbuch XVII. S. 6°. Wohl das beste, was über diese Dichtung gedacht und geschrieben wurde. — Ueber die Anordnung der Bücher im West-östlichen Divan s. Scherer, Goethe-Jahrbuch V. 281—282.

Welch warmen Antheil Goethe an Hammers Arbeiten nahm, wie er nicht nur vom ihm sprach, sondern
auch für ihn handelte, beweist sein Brief an Cotta in
Stuttgart (Weimar, 16. May 1815), in welchem er
schreibt: „So haben Sie zum Beispiel die von Hammer'
schen Uebersetzungen des Hâfis drucken lassen, ein
sehr verdienstliches Werk und für mich von grossem
Werth;" „Herr von Hammer hat ein ausführliches
Manuscript (Geschichte der schönen Redekünste
Persiens) nach Göttingen gesendet, wovon Euer
Wohlgeboren wahrscheinlich Kenntniss haben. Vielleicht wäre der Verlag eines so gelehrten, aber
nur für einen kleinen Kreis interessanten Werkes
eher zu übernehmen, wenn in einem allgemein les-
baren und will's Gott anziehenden deutschen Dichter-
werke (Goethe meint seinen West-östlichen Divan,
an dem er eben damals arbeitete und der 1818 erschien) jene abgeschiedenen Gestalten charakteristisch
neu belebt, gleichsam im Spiegel gezeigt würden.
Haben Sie die Güte, diese Sachen zu bedenken und
zu überlegen"[31]).

Neben der Übersetzung des Hâfis dienten
Goethe Hammer's „Fundgruben des Orients"[32])
und dessen „Geschichte der schönen Redekünste
Persiens"[33]) als Quellen für seinen Divan. Und nicht

[31]) Goethe's Werke. Weimarer Ausgabe. 1888. VI. 317.

[32]) S. Anmerkung Nr. 26.

[33]) Geschichte der schönen Redekünste Persiens vom
4. Jahrbundert der Hedschra, d. i. vom 10. der christlichen Zeit-
rechnung bis auf unsere Zeit. Mit einer Blüthenlese aus 200
persischen Dichtungen. Von Joseph von Hammer. Wien 1818.

blos im allgemeinen, auch in einzelnen Fällen. Hammer berichtet (a. a. O. S. 35): „Als die ältesten Denkmale persischer Poesie führen die Geschichtschreiber derselben einzelne Verse B e h r a m g u r s, des grossen Fürsten der Sassaniden an, welcher der Erste in gebundener Rede gesprochen haben soll. Die Veranlassung hiezu soll D i l a r a m, seine geliebte Sclavin gewesen sein, welche aus gleichgestimmter liebender Gesinnung die Rede ihres Kaisers und Geliebten mit gleichgemessenen und am Ende gleichtönenden Worten wiederholt habe. So seyen die ersten Verse entstanden" und Goethe benützt dieses Motiv zu dem Gedichte im Buch Suleika des West-östlichen Divan:

B e h r a m g u r, sagt man, hat den Reim erfunden,
Er sprach entzückt aus reiner Seele Drang;
Dilaram schnell, die Freundin seiner Stunden,
Erwiederte mit gleichem Wort und Klang.

Und so, Geliebte, warst du mir beschieden
Des Reims zu finden holden Lustgebrauch,
Dass auch Behramgur ich, den Sassaniden
Nicht mehr beneiden darf: mir ward es auch.

Hast mir dies Buch geweckt, du hast's gegeben;
Denn was ich froh, aus vollem Herzen sprach,
Das klang zurück aus deinem holden Leben,
Wie Blick dem Blick, so Reim dem Reime nach.

Nun tön' es fort zu dir, auch aus der Ferne,
Das Wort erreicht und schwände Ton und Schall.
Ist's nicht der Mantel noch gesä'ter Sterne?
Ist's nicht der Liebe hochverklärtes All?

Diese herrlichen Strophen sind an M a r i a n n e
v o n W i l l e m e r gerichtet; sie wird darin gerühmt,
dass sie dem Geliebten, der den Reim erfunden, mit
gleichem Wort und Klang erwidere. Mit Recht, denn
Marianne beantwortete Goethe's Liebeslieder an sie
in der That mit von ihr gedichteten Liedern: „Hoch-
beglückt in dieser Liebe", „Was bedeutet die Bewegung?
Bringt der Ost mir frohe Kunde?", „Ach um deine
feuchten Schwingen, West wie sehr ich dich beneide"
und „Goethe hat Mariannen seinen Dank so voll ab-
gestattet wie ihre Demuth nie zu hoffen wagen konnte,
er nahm jenes Gedicht, in dem sie seine Liebe aus
freier Wahl fordert, er nahm die beiden Erwartungs-
und Trennungslieder an den Ost- und Westwind in
seinen Divan auf, ohne sie von seinen eigenen zu
sondern. Er drückte ihnen dadurch den Stempel der
Ebenbürtigkeit, das Siegel der Vollendung auf."[34])

Wir wissen aus dem Tagebuch, dass Goethe die
Erzählung von Behramgur und Dilaram am 3. Mai
1818 durch Hammers eben erschienene „Geschichte
der schönen Redekünste Persiens" kennen lernte.
Damals war der Druck des Divans bereits bis zum
vierten Bogen vorgeschritten. Das Gedicht steht auf
dem zehnten Bogen. Es ist also während des Druckes
entstanden und eingeschaltet.[35])

Das Motiv der Erfindung des Reimes durch die
Wechselreden des Liebespaares kehrt bei Goethe

---

[34]) Burdach, a. a. O., S. 28 f.
[35]) Burdach, a. a. O., S. 85.

im Faust (II. Theil. 3. Act, in der Helena-Episode)
wieder:

Helena.

Vielfache Wunder seh' ich, hör' ich an;
Erstaunen trifft mich, fragen möcht' ich viel.
Doch wünscht' ich Unterricht, warum die Rede
Des Manns mir seltsam klang, seltsam und freundlich:
Ein Ton scheint sich dem andern zu bequemen,
Und hat Ein Wort zum Ohre sich gesellt,
Ein andres kommt, dem ersten liebzukosen.

Faust.

Gefällt dir schon die Sprechart unsrer Völker,
O, so gewiss entzückt auch der Gesang,
Befriedigt Ohr und Sinn im tiefsten Grunde.
Doch ist am sichersten, wir üben's gleich;
Die Wechselrede lockt es, ruft's hervor.

Helena.

So sage denn, wie sprech' ich auch so schön?

Faust.

Das ist gar leicht, es muss vom Herzen gehn.
Und wenn die Brust von Sehnsucht überfliesst,
Man sieht sich um und fragt —

Helena.
Wer mitgeniesst.

Faust.

Nun schaut der Geist nicht vorwärts, nicht zurück,
Die Gegenwart allein —

Helena.
Ist unser Glück.

Faust.

Schatz ist sie, Hochgewinn, Besitz und Pfand;
Bestätigung, wer gibt sie?

Helena.

Meine Hand.

Also auch im Faust Spuren von Goethe's
Studium der Werke Hammers.

H a m m e r selbst war durch Goethe's Divan nicht
befriedigt; er schreibt an B ö t t i c h e r den 16. September 1819: [36])

„Vor einigen Wochen sind erst die ersten
Exemplare von Goethe's Divan hier angekommen,
der doch gewiss in ganz Deutschland keinen Leser
so interessiren kann wie mich, der mich aber doch
sehr unbefriedigt gelassen und durch die Aufnahme
einer anderen Uebersetzung der persischen Botschaftsbriefe [37]) sogar ein wenig beleidigt hat. Indessen bin
ich ihm als Orientalist und für meine Person soweit
den grössten Dank schuldig, dass ichs bloss ihm
danken werde, wenn meine S c h i r i n [38]) bekannter
und mehr gelesen und vielleicht doch einmal zur
zweiten (will's Gott weniger mit Druckfehlern ausgestatteten) Auflage gedeihen soll."

Vorher schon waren die Beziehungen Hammer's
zu Goethe so nahe geworden, dass beide gemeinsam
eine kleine Schrift veröffentlichten.

---

[36]) Goethe-Jahrbuch, I, 342.

[37]) Im vorletzten Abschnitte der „Noten und Abhandlungen zu besserem Verständniß des west-östlichen Divans".

[38]) S. Anmerkung Nr. 23.

Zwischen Rudolstadt und Remda in Thüringen liegt das Dorf Heilsberg; an der Kirche dieses Dorfes in einen Pfeiler der äusseren Mauer war ein Sandstein eingefügt „bezeichnet mit wundersamen Quadratbuchstaben“.³⁹) Verschiedene Gelehrte versuchten sie zu deuten, jedoch ohne Erfolg. 1816 wurde der Stein nach Weimar gebracht, dort im Vorhause der Bibliothek aufgestellt und die Inschrift durch Kupferstich veröffentlicht. So erlangte Hammer davon Kenntnis, „welcher“, wie Goethe schreibt, „den durchdringenden Blick zur Erforschung älterer und neuerer Schrift- und Sprachgeheimnisse auch hier bethätigte und eine Auflösung bewirkte, die wir den Freunden geschichtlichen Alterthums in Hoffnung dankbarer Anerkennung überliefern.“

Dieser Aufsatz Goethe's steht am Schlusse des Heftes, welches einen Brief Hammer's an den Fürsten Metternich über die vom Grossherzog von Weimar gewünschte Auslegung der Inschrift enthält. Goethe dankt dem Fürsten Metternich im Brief vom 30. Juli 1817 für die Vermittlung; er sagt darin, die Gabe habe ihm „den Wink gegeben, dass nur die befriedigende Auflösung eines uralten Worträthsels zu hoffen sei, wo diplomatische und literarische Talente sich vereinigen“. Weiters nennt er Hammer's Auslegung eine „durchaus überzeugende Enthüllung“.

Andere waren jedoch anderer Ansicht und so sagt Goethe in den Tag- und Jahresheften von

---

³⁹) „Die Inschrift von Heilsberg“. Goethe's Werke, Hempel'sche Ausgabe. 29. Theil, S. 244—245.

1817: „Die berühmte Heilsberger Inschrift lasse ich
mit einer von Hammer'schen Erklärung abdrucken,
die jedoch kein Glück macht." [40]) Hammer nahm
wie früher schon Schiller an, dass der innere Theil
der Inschrift der Zeit Ludwigs des Frommen ange-
höre, wogegen er die Umschrift für drei Jahrhunderte
später entstanden ausspricht. G r o t e f e n d [41]) liefert
einen Abdruck dieser Inschrift und hält sie für deutsch
aus dem 14. Jahrhundert stammend.

Auf diese Angelegenheit beziehen sich weitere
Briefe G o e t h e's; am 3. August 1818 schreibt er
von Karlsbad an Karl Franz Anton von S c h r e i b e r s.
Director der vereinigten k. k. Naturaliencabinette in
Wien:

„Nicht weniger gereicht mir zum grössten Ver-
gnügen, dass Höchstdieselben (Metternich) den Abdruck des v. Hammer'schen Schreibens mit Wohlgefallen aufnahmen; wovon ich denn auch ein Exem-
plar hier beylege, mit der Bitte, solches dem geistreichen Herrn Verfasser mit meinen besten Em-

---

[40]) Dieser Abdruck erschien unter dem Titel: „Die
Inschrift von Heilsberg. Weimar 1818. Jenn, gedruckt bei
Frommann und Wesselhöft". 8 S. in Folio. — Hirzel, im
„neuesten Verzeichnis einer Goethe-Bibliothek" fügt S. 77
diesem Titel die Worte bei: (Von Hammer und Goethe). —
Diese Schrift scheint sehr selten zu sein, ich habe in mehreren
grossen Bibliotheken (Universitäts- und Joanneums-Bibliothek
in Graz, Hof- und Universitäts-Bibliothek in Wien) darnach
vergeblich gesucht.
[41]) Ersch und Gruber's Encyklopädie der Wissenschaften
und Künste, II. Section, 4. Theil, S. 171 – 174.

pfehlungen zuzustellen. Das Titelkupfer. welches die
Inschrift enthält, ist noch in der Arbeit."

„Da es die Absicht nicht seyn konnte. dieses
Kleinod in den Buchhandel zu geben, so ist solches
Freunden der Literatur als eine angenehme Gabe
bestimmt, und ich werde nicht verfehlen, sobald das
Ganze beysammen ist, Ew. Hochwohlgeboren eine
Anzahl Exemplare zu geneigter Vertheilung zuzu-
senden. Wir haben uns, wie Sie sehen, bemüht.
eine Art Facsimile des merkwürdigen Schreibens
hervorzubringen und jedermann, der es bisher gesehen hat, darüber seinen Wohlgefallen bewiesen
und die glückliche Auflösung bewundert." [12])

Am 19. September 1818 (Weimar) schreibt
Goethe an Frommann: „Der Titel zur Heilsberger
Inschrift ist auch fertig und gut gerathen, ich lege
einen Probedruck bey. Haben Sie die Gefälligkeit.
soviel von dem Papier herüberzusenden, worauf der
von Hammer'sche Brief gedruckt ist, als nöthig ist.
um für die sämmtlichen Exemplare den Titel zu
erhalten." — Und Weimar, den 14. November 1818
an denselben: „So eben kommt Ihr werther Brief
mit der Heilsberger Inschrift." [13])

Damit hatten aber Goethe's Beziehungen zu
Hammer noch nicht ihr Ende erreicht. Im Jahre
1828 schrieb der greise Dichter eine Anzeige der
Edinburgh Review, Foreign und Foreign Quarterly

[12]) Goethe-Jahrbuch, V, 15.
[13]) Goethe-Jahrbuch, VIII, 152—153.

Reviews und sagt in derselben: „Bei den Assassinen
des Herrn von Hammer,[44]) denen man alle Ge-
rechtigkeit widerfahren lässt, wird bemerkt, dass er
denn doch zu sehr als Parteyschriftsteller auftrete
und den Widerwillen gegen die neuesten geheimen
Gesellschaften in jene Zeiten hinübertrage."

Und „Wien, den 6. April 1830" berichtet
Hammer an Bötticher:[45]) „Vor zwey Tagen
hat Deinhardstein einen vier Seiten langen Brief
von Goethe erhalten, der als Mitarbeiter[46]) beitritt
und schon die nächst zu sendende Anzeige von
Zahn's Werk[47]) ankündigt."

Am 5. Juni meldet Hammer vom Eintreffen
dieses ersten Goethe'schen Beitrags.[48])

---

44) Geschichte der Assassinen. Von Joseph von Hammer.
Stuttgart 1818.

45) Goethe-Jahrbuch, I, 353, XVII, 258.

46) An den Wiener Jahrbüchern, welche von Deinhardstein mit Beihilfe Hammers redigirt wurden.

47) Die schönsten Ornamente und merkwürdigsten Gemälde aus Pompeji, Herculanum und Stabiä. Von Wilhelm
Zahn. Berlin 1828 ff.

48) „Zahn's Ornamente und Gemälde aus Pompeji,
Herculanum und Stabiä." Erschien in „Jahrbücher der
Literatur, Wien 1830", 51. Bd., S. 1—12. „Herrlich ist die
Besprechung von ‚Zahn's Ornamenten und Gemälden aus
Pompeji', ein volles Fruchtgehänge, indem die reifsten Früchte
langjähriger praktischer und theoretischer Kunstbetrachtung
aus dem dunkeln Laub der pompejanischen Thatsachen her-
vorglühen." (Richard M. Meyer, Goethe. Berlin 1895. S. 504.)

Anton Graf von Prokesch-Osten.

Noch ein aus Steiermark stammender Mann fand
bei G o e t h e freundliche Aufnahme und ehrende
Beachtung. Es ist dies A n t o n P r o k e s c h , geboren
zu Graz am 10. December 1795, seit 1871 G r a f
v o n P r o k e s c h - O s t e n , Feldzeugmeister (1863)
und kaiserlicher Botschafter, gestorben zu Graz am
26. October 1876[49]).

Als Oberlieutenant war Prokesch von 1818 bis
1820 Adjutant des Feldmarschalls K a r l F ü r s t e n
v o n S c h w a r z e n b e r g , des Befehlshabers der
Heere der Alliirten in den Jahren 1813 und 1814;
er und Oberst G r a f J o h a n n P a a r als General-
adjutant begleiteten den damals schon schwer leiden-
den Fürsten auf seinen Reisen. Als G o e t h e 1820
in Karlsbad weilte, lernte er den Grafen P a a r
kennen, welcher dem Dichter bald hernach in Jena
einen Besuch abstattete. „Graf P a a r , Adjutant
des Fürsten von Schwarzenberg, dem ich in Carlsbad mich freundschaftlich verbunden hatte, versicherte
mir durch unerwartetes Erscheinen (in Jena) und
durch fortgesetzte vertrauliche Gespräche seine un-
verbrüchliche Neigung. A n t o n P r o k e s c h , gleich-
falls Adjutant des Fürsten, ward mir durch ihn zu-
geführt. Beide, von der Hahnemann'schen Lehre
durchdrungen, auf welche der herrliche Fürst seine

---

[49]) Über Goethe und Prokesch kann ich mich kurz
fassen, da eine eingehende Behandlung darüber A n t o n
S c h l o s s a r im Goethe-Jahrbuch XVI. 201—209 geliefert,
welche meiner Darstellung zu Grunde liegt.

Hoffnung gesetzt hatte, machten mich damit um-
ständlich bekannt, und mir schien daraus hervorzugehen, dass wer auf sich selbst aufmerksam einer
angemessenen Diät nachlebt, bereits jener Methode
sich unbewusst annähert" schreibt Goethe in den
Tag- und Jahresheften 1820.

P r o k e s c h schildert den Empfang bei G o e t h e
in einem Briefe (Weimar, 27. August 1820) an seinen
Stiefvater, den Historiker Prof. Julius S c h n e l l e r
in Graz, später zu Freiburg im Breisgau, in folgenden
Worten: „Nicht hier (in Weimar), sondern schon vor-
gestern (am 25. August 1820) in Jena traf ich ihn
(Goethe). Mit ihm durchfuhr ich die Gegend: an
seiner Seite besuchte ich die Cabinete und Bücher-
sammlungen; in seinem Garten lebt' ich mit ihm,
theilte Mittags und Abends seine ländliche Tafel.
Mit kindlicher Heiterkeit zeigte er mir einige Versuche, die auf den dritten Theil der Morphologie
Bezug haben; wir sprachen über seine Jugend, seine
Schöpfungen, seine Verhältnisse. Bis gegen Mitternacht las er mir aus seinem Divan, dann schloss er
mich in seine Arme und ich schied." „Am 26. traf
ich in Weimar ein, und heute Nacht kehre ich nach
Leipzig zurück. Kammerrath v. Göthe (der Sohn),
an den der Vater mich wies, wurde mein Führer
durch den schönsten Park Teutschlands: ich besah
jede heilige Stelle, Göthes, Herders, Wielands
Wohnungen und Grabstellen. Können Sie zweifeln,
dass ich bei Schillers Witwe war? — Mit freudigem
Zittern trat ich in sein bescheidenes Haus. Seine

Söhne sind in Würtemberg und Köln; seine Töchter hier, beide sehr liebenswürdig. Welcher Geist umfing mich dort! Die stille schwärmerische Tiefe des Vaters lebt in den Kindern fort.

Nachdem 1822 die Schandschrift Ch. H. G. von Köchy's: „Göthe als Mensch und Schriftsteller. Aus dem Englischen übersetzt und mit Anmerkungen versehen von Friedrich Glover" erschienen war, entwarf Prokesch einen Brief, welcher mit seiner Einwilligung in der Stuttgarter Zeitschrift „Hesperus" Nr. 28 und 29 vom 1. und 3. Februar 1823 erschien; er trägt den Titel: „Freundschaftliches Schreiben an den G..fen (Grafen) J. P. (Johann Paar) zu Lüttich über eine Flugschrift gegen Göthe. Von ersterem eingesendet." Datirt ist das Schreiben: „W... (Wien), 10. November 1822" und unterzeichnet „Anton Prokesch."

In fulminanter Weise greift er den pseudonymen Verfasser der Schmähschrift an: „Was schamlose Frechheit, die nur mit dem Dummstolze des Verfassers eine Vergleichung leidet: was Rohheit und Gemeinheit des Characters nur im Stande sind auszubrüten, das finden Sie in dieser Flugschrift mit einer Vollendung geleistet, welche Herrn Glover die sichere Bürgschaft gibt, unter uns Deutschen wenigstens noch lange hierin unübertroffen zu bleiben." „Nichts scheint billiger als die Forderung, dass derjenige, welcher so verletzende und der öffentlichen Meinung so widersprechende Behauptungen in die Welt hinausschickt, sie durch Beweise

belege, die aus dem ganzen Leben und aus
der Mehrzahl der Werke des Mannes, den er brand-
marken will, entnommen sind. — Herr Glover, so-
wohl als sein Engländer befassen sich jedoch mit
keinem der früheren Werke Goethes; die ersten
Bände von „Dichtung und Wahrheit" scheinen ihnen
zu genügen, um aus diesem gefährlichen Streite als
Sieger hervorzugehen. Hier ihr einziges Arsenal;
keines der übrigen wird genannt, und man muss
gestehen, dass in der ganzen Schrift sich auch
nicht eine Zeile findet, welche vermuthen liesse,
Herr Glover und sein unbekannter würdiger Freund
seien im Stande, Kunst überhaupt, Dichtkunst ins-
besondere, und vorzüglich die Goethe'sche zu beur-
theilen."

Am Schlusse des Schreibens spricht sich Prokesch
über den tiefen Eindruck aus, den Goethe persönlich
auf ihn ausgeübt: „Sie entsinnen sich des Inhaltes
unserer Gespräche mit ihm, als wir vor zwei Jahren
den Greis in seinem einfachen Hause zu Jena besuchten: Sie entsinnen sich der Verwunderung, die
ich gegen Sie (nicht ohne Beschämung) aussprach,
statt des durch Rang, Verdienst, Weltlob und Be-
wusstsein mit Recht weit über uns gehobenen
Ranges, im Benehmen, in seinen Äusserungen nur
den milden liebevollen Vater zu sehen — den Greis,
der mit Innigkeit an den Busen der Natur sich
schmiegt, den Menschen, der, keine gesellige Form
mit hochmüthiger Demuth verachtend, hinter jeder
nur das Reinmenschliche aufsucht, und so gerne

findet; den Weisen, der von seinen Leistungen mit einer Bescheidenheit sprach, die jetzt kaum der Unbedeutendste unserer unbedeutenden Schriftsteller (ich rede nicht von Herrn Glover) mehr für nöthig achtet; den Dichter endlich, der in seinen Werken nur Unvollkommenes, nur Anfänge anerkannte, wenn er auch wohl wusste, dass jede Leistung des wahren Künstlers, auch die grösste, nur ein angefangener Ausdruck ist, zu dem hienieden das Ende nimmer gegeben wird."

Noch als Greis erinnerte sich Prokesch mit freudiger Begeisterung der Stunden, in denen es ihm als jungem Manne gegönnt war, Goethe zu sehen und zu sprechen und erzählte gerne seinen Freunden und Verehrern darüber. Alexander Freiherr von Warsberg, der Verfasser glänzender Schilderungen des alten und neuen Griechenland, der in Graz häufig in des Grafen Hause weilte und nach dessen Tod ein würdiges Lebensbild desselben entwarf[30]), beschreibt die Zusammenkunft Goethes mit Prokesch nach des letzteren Angabe in folgenden Worten: „Goethe führte ihn in den Garten und hielt dort auf- und abwandelnd, lange Gespräche mit ihm. Der junge Prokesch widersprach heftig seinen Ansichten, das gefiel dem Altmeister nur um so besser. Er zeigte ihm die Sammlungen Jenas, hielt ihn zum Essen, dann auch noch für den Abend bei sich zurück und las ihm bis Mitternacht aus seinem Divan

---

[30]) Augsburger Allgemeine Zeitung, Beilage Nr. 352 vom 17. December 1876.

vor. — Mit einer Umarmung schieden die zwei
merkwürdigen Männer. Sie haben sich später nie
wieder gesehen."

Kilian Brustfleck = Johann Valentin Petzold.

Nicht blos mit einer hohen Dame und mit
angesehenen Männern aus dem Lande Steier hatte
Goethe Beziehungen, in einem seiner dramatischen
Fragmente, in „Hanswurst's Hochzeit oder der Lauf
der Welt. Ein mikrokosmisches Drama" welches
Strehlke (Bd. 8, S. 235 der Hempel'schen Goethe-
Ausgabe) der Anlage nach vielleicht die umfang-
reichste und kühnste aller satirischen Dichtungen
Goethe's nennt, lässt er eine Persönlichkeit, allerdings eine nicht besonders rühmliche, die in Steiermark ihre Heimat hatte, auftreten: Kilian Brustfleck, recte Johann Valentin Petzold.

Im 18. Buche von „Wahrheit und Dichtung"
schreibt Goethe über die Entstehung von „Hanswurst's Hochzeit": „Ich hatte nach Anleitung eines
ältern deutschen Puppen- und Budenspiels[51]) ein
tolles Fratzenwesen ersonnen, welches den Titel:
Hanswurst's Hochzeit führen sollte. Das
Schema war folgendes. Hanswurst, ein reicher eltern-
loser Bauerssohn, welcher so eben mündig geworden,
will ein reiches Mädchen, Namens Ursel Blandine,

---

[51]) In der Zeitschrift für Deutsches Alterthum XX.
119—126 weist Köhler das von Goethe gemeinte Puppen-
und Budenspiel nach.

heirathen. Sein Vormund, Kilian Brustfleck und ihre
Mutter Ursel etc. sind es höchlich zufrieden. Ihr
vieljähriger Plan, ihre höchsten Wünsche werden
dadurch endlich erreicht und erfüllt. Hier findet
sich nicht das mindeste Hinderniss, und das Ganze
beruht eigentlich nur darauf, dass das Verlangen
der jungen Leute, sich zu besitzen, durch die
Anstalten der Hochzeit und dabei vorwaltenden
unerlässlichen Umständlichkeiten hingehalten wird.
Als Prologus tritt der Hochzeitbitter auf, hält seine
herkömmliche banale Rede und endigt mit den
Reimen:

> Bei dem Wirth zur goldenen Laus,
> Da wird seyn der Hochzeitsschmaus."

Er schildert sodann, wie er sich für die Auf-
führung dieses Puppenspiels die Bühne gestaltet
denkt, bemerkt, „dass das sämmtliche Personal des
Schauspiels aus lauter deutsch herkömmlichen Schimpf-
und Ekelnamen bestand, wodurch der Charakter des
Einzelnen sogleich ausgesprochen und das Verhältniss
zu einander gegeben war".

„Da wir hoffen durften, dass Gegenwärtiges in
guter Gesellschaft, auch wohl in anständigem Familien-
kreise vorgelesen werde, so dürfen wir nicht einmal,
wie doch auf jedem Theateranschlag Sitte ist, unsere
Personen hier der Reihe nach nennen, noch auch
die Stellen, wo sie sich am klarsten und eminentesten
beweisen, hier am Ort aufführen, obgleich auf dem
einfachsten Wege heitere, neckische, unverfängliche

Beziehungen und geistreiche Scherze sich hervor-
thun müssten. Zum Versuche legen wir ein Blatt[52])
bei, unsern Herausgebern die Zulässigkeit zu beur-
theilen anheim stellend."[53])

Dieser Darlegung schliesst Goethe die Charac-
teristik einzelner Personen des dramatischen Scherzes
bei. In ihm selbst tritt Kilian Brustfleck, den
Goethe in „Wahrheit und Dichtung" den strengen
Ceremonienmeister bei der Hochzeit nennt, als Er-
zieher seines Mündels Hanswurst auf, und spricht:[54])

> „Hab ich endlich mit vielem Fleis,
> Manchem moralisch politischem Schweis
> Meinen Mündel Hanswurst erzogen
> Und ihn ziemlich zurecht gebogen.
> Zwar seine tölpisch schlüffliche Art,
> So wenig als seinen kohlschwarzen Bart,
> Seine Lust in den Weeg zu — — —
> Hab nicht können aus der Wurzel reissen.
> Was ich nun nicht all kunt bemeistern,

[52]) Dieses Blatt, das Personenverzeichnis zu Hanswurst's
Hochzeit veröffentlicht R. M. Werner in der Zeitschrift für
Deutsches Alterthum XVI. 289—298.

[53]) W. v. Biedermann spricht (Goethe-Jahrbuch I. 20)
die Vermuthung aus, Goethe sei durch das 18. Stück von
Lessings „Dramaturgie", worin dieser sich des Harlekins
annimmt und dessen Vertreibung von der Bühne durch Gott-
sched tadelt, veranlasst worden, in der Parodie auf Clodins'
Medon (1767), im Jahrmarktsfest von Plundersweilen (1779)
und in Hanswurst's Hochzeit diesen auf der Bühne wieder
erscheinen zu lassen.

[54]) Die folgenden Stellen aus „Hanswurst's Hochzeit"
wortgetreu nach der Weimarer Ausgabe, 38. Bd. S. 45 - 52,
436—449.

Das wusst' ich weise zu überkleistern,
Hab ihn gelehrt nach Pflichtgrundsäzzen
Ein paar Stunden hintereinander zu schwäzzen,
Indess er sich am A — reibt
Und Wurstel immer Wurstel bleibt.
Hab aber auch die Kunst verstanden,
Auszuposaunen in allen Landen
Ohne just die Backen aufzupausen,
Wie ich thät meinen Telemach lausen,
Dass in ihm werde dargestellt
Das Muster aller künftgen Welt.
Hab dazu Weiber wohl gebraucht,
Die's Alter hett wie Schinken geraucht,
Denen aber von speckigen Jugendtrieben
Nur zähes Leder überblieben."

Er bereitet den Hanswurst auf seine Hochzeit mit der Urschel [55]) vor:

„Es ist ein grosses wichtigs Werk,
Der ganzen Welt ein Augenmerck,
Dass Hanswurst seine Hochzeit hält
Und sich eine Hanswurstin zugesellt.
Schon bey gemeinen schlechten Leuten
Hats viel im Leben zu bedeuten,
Ob er mit einer gleichgesinnten
Sich thut bey Tisch und Bette finden;
Aber ein Jüngling, der Welt bekannt,
Von Salz- bis Petersburg genannt,
Von so vorzüglich edlen Gaben,
Was muss der eine Gattin haben!
Auch meine Sorge für deine Jugend,
Recht geschnürt und gequetschte Tugend

---

[55]) Ueber diese Ursel und über Ursel Blandine s. Goethe-Jahrbuch. I. 376.

Erreicht nur hier das höchste Ziel;
Vor war nur alles Kinder spiel.
Und jetzt die Stunde Nacht geschwind
Wird, ach will's Gott, dein Spiel ein Kind.
O, höre meine letzten Worte!
Wir sind ruhig hier an dem Orte :
Ein kleines Stündchen nur Gehör! —"

Dann gibt er ihm in seiner Art gute Lehren
für die bevorstehende Ehe:

„Ich habs, dem Himmel seys geklagt! —
Euch doch so öfter schon gesagt,
Dass ihr euch sittlich stellen sollt
Und thut dann alles, was ihr wollt.
Kein leicht, unfertig Wort wird von der Welt vertheidigt;
Doch thut das Niedrigste, und sie wird nie beleidigt!
Der Weise sagt — der weise war nicht klein —
Nichts Scheinen, aber alles seyn.
Doch ach, wie viel geht nicht an euch verlohren!
Zu wieviel grosem wart ihr nicht gebohren!
Was hofft man nicht, was ihr noch leisten sollt!"

Kilian Brustfleck ist Johann Valentin
Petzold, der Verfasser mehrerer allerdings elen-
der Dichtungen: „Ewiger Bauernkalender" (1693),
„Nichts vor Etwas" (1694), das vom „nichts"
handelt, weil „nichts viel besser ist als Gold und
Edelstein", noch einmal „Nichts vor Etwas, und
Etwas vor Nichts" Glückwunsch (1704), „Wein-
krieg", der den Oesterreicher-Wein vor dem Tyroler-
Wein hervorhebt, und dem zwei Gedichte folgen:
„Des alten Kilian Brustfleck Lebenslauff" und „Sein
Testament", endlich „Kurzweiliges Würfelspiel".
(Gedruckt in diesem Jahr.)

Auf den Titeln seiner Opuscula nennt er sich „Kilian Brustfleck, sonst Johann Valentin Petzold genanndt, des seel. verstorbenen Fürsten von Eggenberg etc. 30 Jahr unwürdig gewesener Hofcommödiant und agirender Bauer" und ähnlich: in denselben sagt er von sich:

„Ich wurde zu Pasal in Steyermarck erzogen
Weil ich an diesen Orth der Mutter-Milch gesogen.
Nach dem so reisste ich in weit entfernte Land,
Wo, weil ich nie gewest, war gänzlich unbekandt."

Sodann schreibt er:

„Indem der Jahre Schnee mein graues Haupt bedeckt,
Als deren ich bereits schon einundsiebenzig zehle."

Weiters:

„Mit meinen Bauernspass war ich drey Käysern rare,
Den Fürst von Eggenberg bedient ich dreyssig Jahre
Als Hof-Commödiant" . . . .
„Was David war bey Saul, das war ich bey August,
Der Sachsen Chur-Fürst und gecröntes Haupt in Pohlen;
Denn diese Majestät liess mich offt zu sich holen
Zu ihrem Zeitvertreib, wie Sachsen wohl bewusst:
Und dass die Welt möcht sehen, wie sie mir gnädig waren,
So liess der König mich mit ihm in Schlitten fahren."

Wenn er dann noch sagt:

„Mit Fürsten war ich nur wie mit mir selbst gemein;
Die Grafen liebten mich, als wärens meine Brüder,
Mit Frey- und Edlen-Herrn sang ich stäts Freuden-Lieder,
Der Bürg- und Bauers-Mann, must mir gewogen seyn;
Mit einem Wort: Ich war, ein Alles, unter Allen;
Nicht jeder musste mir, Ich jedem wohl gefallen"

so mag das wohl nicht wörtlich zu nehmen sein,
aber zur Charakteristik Kilian Brustfleck's und seiner
Wirksamkeit als Commödiant kann es immerhin etwas
beitragen.

Johann Valentin Petzold war also 1648 (1719
nennt er sich einen einundsiebzigjährigen) zu Passail,
nordöstlich von Graz in Steiermark, geboren; er war,
wie er sich selbst nennt, fürstlich Eggenbergischer
Hofcommödiant und agirender Bauer.[56])

Die Eggenberger stammen aus Radkersburg;
dort und später in Graz gelangten sie durch Handels-
und Geldgeschäfte zu grossem Reichthum; Kaiser
Friedrich III. erhob den Balthasar von Eggenberg
zu seinem Münzmeister und in den Adelstand,
Freiherren wurden sie 1598, Reichsfürsten 1623.
Mit dem 1704 geborenen, 1717 gestorbenen Johann
Christian erlosch das Geschlecht.

„Die Fürstlich Eggenbergische Comödienbande
gehörte um die Wende des 17. Jahrhunderts zu den
bekanntesten Schauspielertruppen Deutschlands."
1694 gab sie Vorstellungen in Dresden und in Nürn-
berg. Dreissig Jahre gehörte J o h a n n V a l e n t i n
P e t z o l d dieser Gesellschaft an; er scheint vor
drei Kaisern (das waren wohl Leopold I. 1657—1705,
Joseph I. 1705—1711, Karl VI. 1711—1740) gespielt

---

[56]) Otto Hartwig, Kilian Brustfleck (im Archiv für
Litteraturgeschichte, Leipzig 1881, X, 441—449); Christian
Rumpf, Kilian Brustfleck (ebenda, XI, 172—173); R. Köhler,
im Goethe-Jahrbuch, III. 361—362.

zu haben; sicher ist sein Auftreten vor August, dem Kurfürsten von Sachsen und König von Polen (1694—1733), dessen besonderen Beifall er erregt haben soll. Was den Namen „Brustfleck" betrifft, so ist dies entweder sein Schauspieler-Pseudonym oder der Name der Rollen, in denen er als Spassmacher auftrat. Ich möchte diesen Namen nicht als einen Spitznamen für „Schuster" erklären, wie Hartwig (a. a. O., S. 446) andeutet, sondern meine, dass Petzold ihn in Erinnerung an seine Heimat gewählt habe, weil Brustfleck in Steiermark die Bezeichnung eines Kleidungsstückes ist, das von Männern unter dem Hosenträger, von Weibern unter dem Mieder getragen, allgemein üblich war und ist.

Petzold mag vor 1730 hoch an Jahren gestorben sein. Sein Pseudonym lebte aber noch lange fort. Fast vierzig Jahre später erschien ein Büchlein unter dem Titel: „Der verreistgewesene und nun wieder angekommene Kilian Brustfleck. Mit sich bringend Allerhand ungemein rare Historien (etc. etc.). Aus dessen hinterlassenen Manuscriptis zum Druck befördert von Scappin. Gedruckt zu Hardenberg 1769;" [57]) Goethe lässt ihn 1773—1774 in „Hanswurst's Hochzeit auftreten; König Friedrich der Grosse wies das Meldungsgesuch eines dänischen Officiers Kiliani mit den Worten ab: „ich kene kein Kiliani als Kilian Brustfleck und der Schickt Sich nicht in der Armée;" und Prof. von Luschin

---

[57]) O. H., im Centralblatt für Bibliothekswesen. VI, 125.

fand ein von R. M. Werner (Goethe-Jahrbuch, IV. 368)
veröffentliches Gedicht:

> „Gesetzt du hiessest Kilian,
> Dein Mädchen Urschel, wärst du dann
> Nicht wahrlich zu beklagen?
> Denk nur, du müsstest in dem Schwung
> Der innigsten Begeisterung:
> ,Ach, liebste Urschel' sagen!"
>
> „Und hört sie es gefällig an
> Und seufzte: ,Ach, mein Kilian!'
> Sprich, müsstest du nicht lachen,
> Und würde nicht die Kleinigkeit
> Den allerschönsten Liebesstreit
> Zum Possenspiele machen?"

das seiner Sprache nach dem Ende des 18. Jahrhunderts, wenn nicht dem 19. angehört.

Grossherzog Karl August von Sachsen-Weimar in Graz.

Goethe hat nie, wie schon in der Einleitung
erwähnt wurde, Graz besucht, nie die Steiermark betreten; sein Freund und hoher Gönner,
Herzog Karl August von Weimar aber
weilte am 16. und 17. März 1815 in unserer Stadt.
Er wohnte dem Wiener Congresse bei, wo er einer
der wenigen Fürsten war, die nichts für sich ver-
langten, aber doch den grossherzoglichen Titel für
sich und sein Land, einen kleinen Gebietszuwachs
und eine bessere Abrundung der auseinanderliegen-

den Landestheile erhielt. Von Wien begab er sich
in Begleitung Ernst's I., des Herzogs von
Sachsen-Coburg, nach Graz,[58]) vielleicht über
Anregung von Seite des Erzherzogs Johann.
Hier besuchten die beiden Fürsten zweimal, geführt
von dem Landeshauptmanne Ferdinand Grafen von
Attems und seines Sohnes, des Grafen Ignaz, Ver-
ordneten der Stände, das Joanneum, das vier Jahre
vorher durch den Erzherzog und durch die Stände
gegründet worden war. Sie besichtigten die damals
schon reichhaltigen Sammlungen, widmeten ihnen
eingehende Aufmerksamkeit und wohnten einer Vor-
lesung des berühmten Mineralogen Friedrich
Mohs, Professors und Custoden an diesem Institute,
bei, dessen Auseinandersetzungen über sein neues
mineralogisches System sie mit gespannter Aufmerksamkeit folgten.[59])

---

[58]) Schlossar, Erzherzog Johann von Oesterreich und
sein Einfluss auf das Culturleben der Steiermark. Wien 1878.
S. 300.

[59]) Die „Grätzer Zeitung" vom 16. März 1815 berichtet
über die Anwesenheit der beiden Fürsten Folgendes: „Unsere
Hauptstadt geniesst der erfreulichen Gegenwart Ihrer fürst-
lichen Durchlauchten des Herzogs von Sachsen-Weimar und
des Prinzen von Sachsen-Coburg. Höchstselbe beehrten die
Merkwürdigkeiten der Stadt, das Landschaftsgebäude (Landhaus), das ständische Joanneum und andere öffentliche Anstalten mit ihrem Besuche und machten sich allenthalben
eben so durch die Theilnahme und Aufmerksamkeit, als durch
Güte und Herablassung unvergesslich."

Ob Karl August, heimgekehrt nach Weimar,
seinem grossen Freunde von dem Besuche in Graz
und den Merkwürdigkeiten dieser Stadt — das
waren damals wohl nur die reizende Lage, das
Landhaus, der Schlossberg und das Joanneum —
erzählte und dessen Interesse für unsere Stadt und
unser Land dadurch erregte, ist nicht zu ermitteln,
aber nicht unwahrscheinlich, da Dichter und Fürst
in dem nahesten, innigsten Verhältnisse zu einander
standen und da Goethe, selbst Mineralog, diese
Wissenschaft praktisch pflegte und durch Untersuchungen und Abhandlungen förderte, so dass ihm
Nachrichten über ein neues mineralogisches System
— das Mohs'sche — willkommen sein mochten.

Inhalt.

www.ingramcontent.com/pod-product-compliance
Lightning Source LLC
Chambersburg PA
CBHW022041080426
42733CB00007B/926